Rosette Poletti

Caderno de exercícios para
saber maravilhar-se

Ilustrações de Jean Augagneur

Tradução de Stephania Matousek

© Éditions Jouvence S.A., 2011
Chemin du Guillon 20
Case 143
CH-1233 — Bernex
http://www.editions-jouvence.com
info@editions-jouvence.com

Tradução realizada a partir do
original em francês intitulado
*Petit cahier d'exercices
d'émerveillement*

Direitos de publicação em língua
portuguesa — Brasil:
2014, Editora Vozes Ltda.
Rua Frei Luís, 100
25689-900 Petrópolis, RJ
www.vozes.com.br
Brasil

Todos os direitos reservados.
Nenhuma parte desta obra poderá
ser reproduzida ou transmitida
por qualquer forma e/ou quaisquer
meios (eletrônico ou mecânico,
incluindo fotocópia e gravação)
ou arquivada em qualquer sistema
ou banco de dados sem permissão
escrita da editora.

CONSELHO EDITORIAL

Diretor
Gilberto Gonçalves Garcia

Editores
Aline dos Santos Carneiro
Edrian Josué Pasini
Marilac Loraine Oleniki
Welder Lancieri Marchini

Conselheiros
Francisco Morás
Ludovico Garmus
Teobaldo Heidemann
Volney J. Berkenbrock

Secretário executivo
Leonardo A.R.T. dos Santos

Editoração: Andréa Dornellas
Moreira de Carvalho
Projeto gráfico: Éditions Jouvence
Arte-finalização: Sheilandre
Desenv. Gráfico
Capa/ilustrações: Jean Augagneur
Arte-finalização: Editora Vozes

ISBN 978-85-326-4804-4 (Brasil)
ISBN 978-2-88353-962-4 (Suíça)

Este livro foi composto e impresso
pela Editora Vozes Ltda.

Dados Internacionais de Catalogação na Publicação (CIP)
(Câmara Brasileira do Livro, SP, Brasil)

Poletti, Rosette
Caderno de exercícios para saber maravilhar-se /
Rosette Poletti; ilustrações de Jean Augagneur ; tradução de
Stephania Matousek. — Petrópolis, RJ : Vozes, 2014. —
Coleção Cadernos: Praticando o Bem-estar)

Título original : Petit cahier d'exercices d'émerveillement

2ª reimpressão, 2022.

ISBN 978-85-326-4804-4

1. Autoconhecimento 2. Autorrealização
3. Satisfação I. Dobbs, Barbara. II. Augagneur, Jean.
III. Título. IV. Série.

14-03846

CDD-158.1

Índices para catálogo sistemático:
1. Autoconhecimento : Psicologia aplicada
158.1

Será que eu sou capaz de me maravilhar?

Veja a seguir um pequeno teste, basta envolver as letras a), b) ou c) que correspondam à resposta que você escolher:

1. A primavera está chegando, e você vê as primeiras flores desabrocharem-se:
   a) Você já fica com saudade daquele friozinho de inverno.
   b) Você constata e diz que já estamos no mês de setembro.
   c) Você para e sente alegria enquanto admira as primeiras flores.

2. Sua filha pequena lhe entrega um desenho que ela fez na escola:
   a) Você diz que ele está muito bonito e retoma o seu trabalho.
   b) Você interrompe a sua ocupação, olha o desenho e pede para a sua filha comentá-lo.
   c) Você incentiva a sua filha a colorir melhor o próximo desenho, pois desta vez ela borrou os contornos.

3. Você escuta um bem-te-vi cantando:
   a) Você não vê nada de especial, é apenas um passarinho cantando.
   b) Você fica contente de ter algumas belas árvores no seu jardim para os passarinhos.
   c) Você escuta atentamente e se deixa maravilhar por seu canto.

4. **Você está voltando para casa de carro numa bela tarde de outono. O pôr do sol está ostentando cores extraordinárias:**
   a) Você baixa nervosamente o quebra-sol para não ser mais incomodado.
   b) Você para na beira na estrada e tira alguns instantes para contemplar esse majestoso espetáculo.
   c) Você espera chegar em casa antes de a noite cair.

5. **O seu parceiro preparou um jantar especial, costeletas de cordeiro com batatas:**
   a) Você toma consciência da importância desse gesto concreto de amor ou amizade e tira o tempo que for necessário para realmente saborear a refeição, agradecendo ao seu parceiro do fundo do coração.
   b) Você come de bom gosto contando como foi o seu dia.
   c) Você agradece educadamente e pensa que um bife de vaca seria mais sadio.

Se você não tiver envolvido:
c) na pergunta 1
b) na pergunta 2
c) na pergunta 3
b) na pergunta 4
a) na pergunta 5
Então deve urgentemente ler e fazer os exercícios sugeridos neste caderno de exercícios que você está segurando!

"Maravilhar-se"

Em que ideia maluca você está pensando?
Maravilhar-se com o quê?
Não há por aí crises, terremotos, doenças, acidentes, morte e todos os infortúnios possíveis?

Tudo isso existe, é uma parte da realidade!

Quando atravessamos essas turbulências da vida, ficamos infelizes e não temos disposição para nos maravilharmos!

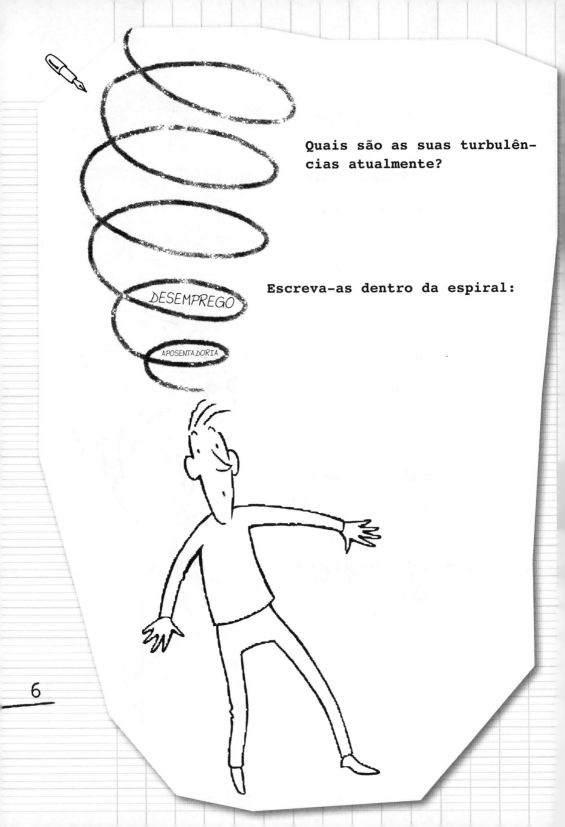

Talvez você esteja agora no centro dessas turbulências ou, em outras palavras, no meio de um túnel. O que é preciso ter sempre em mente é que toda tempestade passa e sempre há luz no fim do túnel. Às vezes, é no próprio centro das dificuldades que surge um sinal, algo inesperado com o qual podemos maravilhar-nos.

Será que houve aspectos positivos que maravilharam você no centro das turbulências da vida que você já atravessou? Envolva o que foi:
- a força de vida que você sentiu dentro de si;
- a amizade que você recebeu;
- a ajuda dos entes queridos;
- a beleza da natureza;
- o sorriso de uma criança;
- a fé numa força superior;
- outra coisa.

No entanto, mesmo quando tudo vai bem, muitas vezes perdemos a capacidade de nos maravilharmos! Vamos seguindo o nosso caminho sem pensar, esquecendo de olhar, contemplar, escutar, cheirar, esquecendo, portanto, o essencial!

Onde você está exatamente agora? Você reparou em toda a beleza que o cerca? Estejamos onde estivermos, sempre há alguma coisa bela, algo com o que se maravilhar.

O teólogo Jean-Yves Leloup conta uma história muito bonita sobre o maravilhamento:

Havia no Monte Atos, na Grécia, um velho monge que passava o tempo maravilhando-se. Essa atitude irritava alguns de seus estudantes noviços. Eles decidiram então pô-lo à prova. Encontraram um cachorro em decomposição e o colocaram de través no caminho que o velho monge seguia para chegar à capela. Queriam ver a reação do velho sábio. Aquele bicho em putrefação não podia suscitar nenhum maravilhamento, na opinião deles. Padre Teodoro deu voltas em torno do que restava do cachorro, parou de repente e, cheio de entusiasmo, chamou seus noviços dizendo: "Venham, venham ver como esse cachorro tinha belos dentes!"

Sempre há um detalhe positivo, mesmo no que pode parecer feio à primeira vista!

Tudo começa com o maravilhamento, com aquele amor à primeira vista da admiração cujo eco amortecido ainda persiste no verbo "fascinar-se", que significa originalmente "ser preso com feitiços"!

Maurice Zundel
(padre e escritor suíço)

No espaço de um instante, preste atenção ao que o cerca e faça uma lista do que você estiver vendo de belo e de maravilhoso ao seu redor:

. . . .
. . . .
. . . .
. . . .
. . . .
. . . .
. . . .
. . . .
. . . .

Quanto mais estivermos despertos, atentos ao instante presente, mais poderemos nos maravilhar!

Maravilhar-se é, de certa forma, fazer com que o mundo seja novamente encantador, reencontrar uma parte da alegria da infância!

É ver, escutar, cheirar, sentir, saborear plenamente tudo o que o universo e os seres humanos têm de belo, bom, extraordinário e heroico. É dar um novo sabor à vida, sentir-se renovado e satisfeito com tantos benefícios.

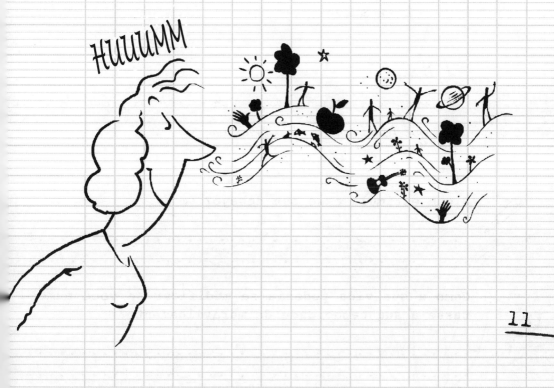

Entretanto, para a maioria dos seres humanos, maravilhar-se é uma competência que se deve desenvolver. E esse novo aprendizado compreende seis elementos:

1. Desejo
2. Atenção
3. Desapego do hábito de analisar e categorizar
4. Mente aberta para receber, para o inesperado, para os milagres
5. Gratidão
6. Perseverança

1. Desejo

Se você comprou este caderno de exercícios, provavelmente é porque tem vontade de maravilhar-se.

O que estimula esse seu desejo?

....
....

Como a sua vida poderia se modificar se você aumentasse a sua capacidade de maravilhamento?

....
....

> *Maravilhar-se é, antes de tudo, revestir as coisas e as pessoas de beleza e, depois, contemplá-las silenciosamente.*

2. Atenção

De tanto ser estimulada em excesso por tantas coisas para ver, escutar, vigiar e administrar, a maioria dos seres humanos perdeu uma parte de sua capacidade de estar atenta, de dar plena atenção às coisas!

O ato de maravilhar-se exige uma "parada em imagem"! É preciso parar um instante, entrar em contato com o sujeito ou objeto de seu maravilhamento.

Saber parar! Eis o segredo! Depois, concentrar-se numa coisa de cada vez, dando-lhe plena atenção.

Esteja onde estiver, você pode fazer o seguinte exercício:

> **Sente-se, respire profundamente três ou quatro vezes e, durante três minutos, dirija toda a sua atenção para as suas mãos. Olhe-as, admire-as, pense em tudo o que elas lhe permitiram fazer ao longo dos últimos anos, dê-se conta do privilégio que você tem de possuir mãos e deixe-se maravilhar!**

Saber maravilhar-se não significa ser ingênuo, mas sim lançar simplesmente um olhar novo sobre o mundo.

Prestar atenção! Ficar de olho, manter-se desperto!

A teóloga e poetisa Francine Carillo expressa muito bem essa ideia:

Às vezes vivemos distantes do aqui e agora
Passamos rente às horas como equilibristas
Caminhamos para os encontros como sonâmbulos
Deixamo-nos levar e trazer
Pela ressaca dos dias
E de repente nos vemos
Jogados numa praia cuja chave não temos
Por preguiça ou facilidade
Gostaríamos que viver fosse óbvio
Mas nada cai do céu sem que estejamos presentes para desejá-lo.

Le Plus-que-vivant, p. 149.

Releia lentamente três vezes esse belo poema para se impregnar com suas palavras!

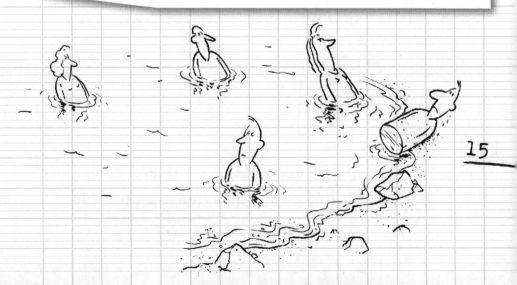

3. Desapego do hábito de analisar e categorizar

Quando abordamos uma realidade nova, recorremos à nossa grelha de avaliação mental e colocamos cada elemento numa gaveta! É bonito, é feio, é útil, inútil, certo, errado, essencial, irrisório. Ao fazer isso, fechamos nossa mente contra o maravilhamento.

Uma formiga em cima da mesa da cozinha pode ser vista como: nojenta, prejudicial, um inseto que deve ser morto rapidamente, de acordo com nossos princípios.

No entanto, uma criança se extasiaria diante da capacidade que a formiga tem de carregar um peso enorme e saber como encontrar o grão de açúcar que ficou em cima da toalha de mesa!

Maravilhar-se é frear o impulso de avaliar, classificar, julgar; é acolher e contemplar.

Abandonar suas certezas e navegar em direção ao desconhecido é o único caminho que conduz ao maravilhamento.

Pare um momento e, no espaço de um instante, fixe seu olhar em alguma coisa, um objeto que esteja no ambiente ao seu redor e que, à primeira vista, você julgaria sem importância. Observe-o longamente e deixe suas impressões fluírem. O que você poderia admirar no objeto em questão?

De que objeto se trata?

Ex. Um prato, um relógio de pulso, uma luminária, qualquer objeto pode ser fonte de maravilhamento!

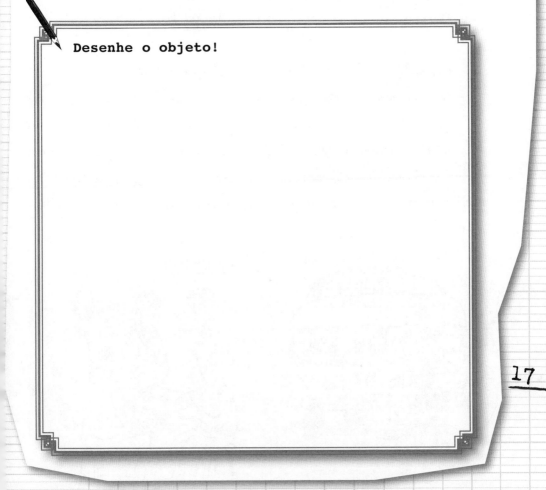

Desenhe o objeto!

4. Mente aberta para receber, para o inesperado, para os milagres

Maravilhar-se é ter o mínimo de expectativas! Expectativas trazem mais decepção do que maravilhamento.

Durante uma viagem à Índia, estávamos indo visitar um famoso templo. O ônibus que devia nos levar até lá enguiçou. Tínhamos de esperar três horas num pequeno vilarejo do interior do país. Alguns passageiros ficaram esperando, impacientemente e resmungando, que o **ônibus fosse consertado**, o que estava demorando. Outros foram passear pelas ruas do vilarejo. Alguns habitantes os convidaram a entrar em suas casas, serviram-lhes chá, ofereceram-lhes sorrisos e hospitalidade. Eles viveram um momento mágico, maravilhoso. No fim das contas, acabaram não visitando o templo, mas aqueles momentos de maravilhamento se tornaram uma lembrança magnífica, pois haviam se desapegado de suas exigentes expectativas!

ADOREI ESSA PANE

Isso já aconteceu com você?

Você se lembra de alguma situação em que você foi capaz de se desapegar de suas expectativas e se maravilhar com o que estava acontecendo?

Descreva essa experiência.

....
....
....
....
....
....
....
....
....

O filósofo Paul Ricoeur escreveu:

O homem moderno precisaria encontrar uma ingenuidade secundária:
apesar da nossa tentação de organizar tudo,
planejar tudo, controlar tudo,
podemos manter aquela capacidade de nos surpreender com o que advém
sem que estejamos esperando por isso,
surpreender-nos com o que surge na nossa história
como uma graça, um dom inesperado!

5. Gratidão

Maravilhar-se é desejar o viver, é desenvolver sua atenção, desapegar-se do hábito de catalogar e analisar. É abrir sua mente para o inesperado e ainda mergulhar na gratidão.

Robert Emmons (professor de psicologia americano) a define assim: "A gratidão é uma constatação do bem na nossa vida e um reconhecimento do fato que a fonte desse benefício se encontra, pelo menos em parte, fora de nós mesmos!"

A gratidão supõe três aspectos na pessoa que a sente:
- reconhecimento intelectual
- aceitação
- apreço emocional

Quanto mais gratidão tivermos, mais nos maravilharemos, um combina com o outro.

Identifique cinco elementos na sua vida que, simultaneamente, preenchem você de gratidão e fazem com que você fique maravilhado (podem ser coisas, seres vivos, pessoas, ações, obras de arte etc.):

1. ....
2. ....
3. ....
4. ....
5. ....

> *Devemos desenvolver a capacidade de maravilhar-nos, que vai nos levar a sentir gratidão e considerar tudo o que possuímos, todos os nossos privilégios.*

6. Perseverança

Esse é o último elemento indispensável que se deve desenvolver quando se deseja reaprender a maravilhar-se. Perseverar, ou seja, continuar lançando um olhar de gratidão e maravilhamento sobre o mundo, enquanto a mídia e a maioria das pessoas que nos cercam nos incitam a contemplar a tristeza e os problemas!

É preciso alimentar um forte desejo de maravilhamento para conseguir lançar seu olhar além da melancolia cotidiana. Às vezes, isso exige que você se retire de certas conversas e desligue a televisão, que passa repetitivamente imagens de dramas e catástrofes.

Não se trata de se desinteressar, muito pelo contrário: é necessário fazer o que podemos fazer, mas se trata simplesmente de não focalizar <u>toda</u> a nossa atenção nessas tragédias, dar espaço ao maravilhamento.

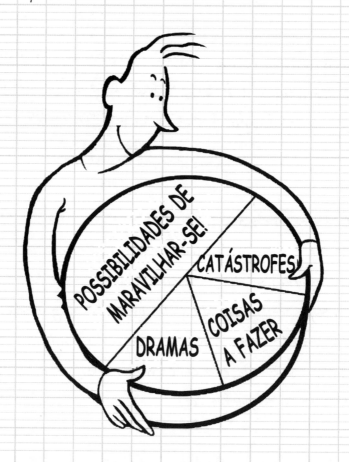

Pare um instante para colorir as palavras a seguir e sinta as emoções que preencherem você enquanto estiver colorindo!

Continuar a maravilhar-se

Há tantos livros que explicam o universo, que descrevem cientificamente os fenómenos que permitem a vida, que falam sobre os astros e a natureza... Maravilhar-se é esquecer tudo isso, é simplesmente tomar consciência de que eu existo, aqui, face ao mundo. Eu existo! Eu estou vivo! Eu tenho a sorte de ver, escutar, sentir, dividir, amar e ser amado.

Extraordinário privilégio!

> *Maravilhar-se é poder deixar para trás a lógica das categorias e adotar a atitude de acolher e ter a mente aberta!*

Ser capaz de escutar é, em si, um milagre! Conseguir captar os sons que chegam até nós e lhes dar sentido!

O pequeno Simon tinha nascido com uma forma de surdez. Graças a uma cirurgia, ele recuperou a audição. Ao voltar para casa num belo dia de verão, pela primeira vez ele ouviu, maravilhado, o canto dos passarinhos no jardim. Seu rosto ficou vermelho de alegria, ele batia palmas! As pessoas que estavam ao seu redor naquela manhã tomaram consciência do privilégio que elas tinham de poder escutar.

Pare um instante, deixe seus olhos se fecharem e escute: quais são os barulhos que você está ouvindo?

....
....
....

Depois, tape os ouvidos com as mãos e tome consciência de tudo o que você está perdendo quando não ouve!

. . . .
. . . .
. . . .

Se puder, escute agora uma faixa do seu tipo de música preferido e deixe os sons atravessarem você, permita-se sentir o maravilhamento de poder escutar!

Ver, contemplar! Aqueles que foram privados da visão nos relembram: ver também é um milagre, um incrível privilégio!

Quais são as coisas mais bonitas que os seus olhos lhe permitiram ver na sua vida?

Ex. Um campo de papoulas

. . . .
. . . .
. . . .

Se você pudesse pintar uma dessas coisas, qual delas você escolheria?

....
....
....

<u>Sentir um odor</u>, cheirar também é uma fonte de maravilhamento!

Cheiro de chuva na floresta, cheiro de lilás florido, o cheiro do perfume de um ser amado, cheiro de terra lavrada...

<u>Sentir no rosto ou no corpo</u> uma brisa refrescante, o sol aquecendo, a chuva pingando ou a carícia de uma mão amada: somos dotados de cinco sentidos que nos colocam em contato permanente com os outros e o universo.

27

Graças a esses sentidos, temos os "instrumentos" de percepção que nos permitem acolher toda a beleza do mundo, toda a amizade e o amor que existem em torno de nós.

Os "instrumentos" - nossos sentidos - estão aí, mas é preciso atenção e foco no instante presente. Para maravilhar-se é preciso estar <u>vigilante</u>, <u>desperto</u>, <u>atento</u>.

"O maravilhamento é uma faculdade poética que se decide ter!", escreve Bertrand Vergely (filósofo e teólogo francês).

Digamos, porém, que essa faculdade se decide ter novamente, pois o maravilhamento é uma capacidade que todo pequeno ser humano de alguns meses já tem: ele fica fascinado, cativado, grita de alegria diante de um brinquedo colorido, todo o seu corpo se agita de entusiasmo diante de um passarinho ou gatinho, ele quer tocar em tudo, pegar as coisas, experimentar. Ele acolhe e está totalmente aberto ao que surgir.

Quarenta anos mais tarde, sentado dentro de um trem-bala, ele atravessa paisagens esplêndidas, pede um café da manhã, sentado numa poltrona bem confortável, dentro de um vagão que viaja a quase 300km por hora, mas não se maravilha mais! Ele fica indiferente! Não olha mais o sol nascer ou se pôr inundando de luz as colinas ou florestas. Ele se tornou "racional" e "eficaz", não perde seu tempo. Seu computador está exibindo uma página de números. Ele perdeu contato com o sal da vida, ou seja, o maravilhamento.

Isso acontece com você?

Quando você viaja, que proporção do seu tempo você utiliza para:

..........%   trabalhar no seu computador

..........%   assistir a um filme

..........%   ler

..........%   dormir

..........%   refletir

..........%   olhar pela janela e se maravilhar com a beleza das paisagens

Talvez você possa aumentar essa última porcentagem na sua próxima viagem!

Florilégio de palavras sobre o maravilhamento

Christiane Singer, uma autora francesa muito famosa que se maravilhou ao longo de sua vida inteira, escreveu:

"Nosso dever mais imperativo talvez seja nunca perder o fio da Maravilha. Graças a ele, eu sairei viva dos mais sombrios labirintos".

Alguns dias antes de sua morte, ela ainda dizia:

"O que eu não podia suspeitar, no entanto, era que eu ainda pudesse estar impregnada com tamanha vitalidade. Com uma felicidade infinita que não quer nada, não espera nada, não sabe nada, não sabe nada de nada, a não ser o maravilhamento que cada instante e cada encontro provocam!"

Bertrand Vergely também diz: "Podemos ser ricos, mas, se não soubermos nos maravilhar, somos pobres!"

"Há na capacidade de maravilhar-se um dos segredos da energia vital."

Sylvain Tesson, escritor e viajante francês

"O maravilhamento constitui o primeiro passo para o respeito."

Nicolas Hulot, jornalista/repórter francês

"O primeiro motor da pesquisa arqueológica sob todas as suas formas é o maravilhamento: o desejo de um conhecimento histórico exato só vem depois."

Michel Butor, poeta e romancista francês

MEUS RESPEITOS

"A arte de viver consiste em manter intacto o sentimento da vida e nunca abandonar o ponto de maravilhamento e sideração que é o único que permite a alma enxergar."

Christian Bobin, escritor francês

"Um viajante digno desse nome não consegue se interessar por si mesmo e busca fora de si substância para maravilhar-se."

Sylvain Tesson, escritor e viajante francês

"O sentido do maravilhamento é garantia de felicidade, pois, se soubermos forçá-la um pouquinho, a vida nunca recusará ocasiões para se maravilhar."

Ginette Quirion, romancista quebequense

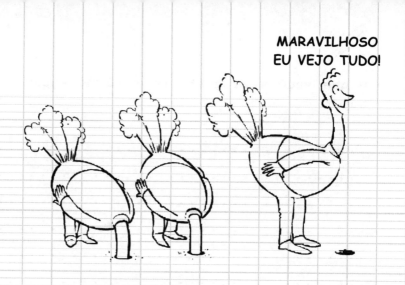

Maravilhar-se não é ser ingênuo nem ignorar o que fere ou destrói a vida, mas sim decidir prestar atenção ao que é belo, bom, generoso, heroico, tanto humilde quanto majestoso. É recusar o desencanto e o desespero.

Maravilhar-se é resistir ao cinismo e ao niilismo! Maravilhar-se é manifestar seu amor pela vida! É compartilhá-lo!

É se conscientizar do extraordinário privilégio de estar VIVO!

O que você mais gosta no fato de estar vivo, aqui, hoje?

. . . .
. . . .
. . . .
. . . .
. . . .
. . . .
. . . .

Podemos maravilhar-nos com tantas coisas! Viver plenamente é redescobrir a alegria, a gratidão que o maravilhamento produz dentro de nós!

Podemos maravilhar-nos, por exemplo, com a beleza criada pelos seres humanos:

Que música maravilha, enleva e alegra você?

. . . .
. . . .
. . . .
. . . .
. . . .

Quando foi que você a escutou pela última vez?

. . . .

. . . .

. . . .

Algum canto, profano ou religioso, alimenta a pequena flama de alegria que existe dentro de você? Qual?

. . . .

. . . .

. . . .

O que emociona e maravilha você nesse canto?

. . . .

. . . .

. . . .

Que pintura ou escultura faz com que você fique especialmente maravilhado?

. . . .

. . . .

. . . .

Que elemento entra especialmente em harmonia com você nessa obra de arte?

. . . .
. . . .
. . . .

Que edifício maravilha você em especial?

Ex.: Uma catedral, uma mesquita

....
....
....

Ex.: Um túmulo como o Taj Mahal ou as Pirâmides

....
....
....

Ex.: Um edifício moderno ou uma ponte como o viaduto de Millau

....
....
....

Você se lembra de alguma visita a um edifício que o tenha maravilhado? O que você pensa quando o admira?

....
....
....

É mais fácil se maravilhar quando se está cercado por coisas belas. Será que há ao seu redor coisas suficientes para você se maravilhar?

Ex.: Uma rosa, orquídea, obra de arte original ou sua reprodução

Cole aqui a reprodução de um tema de maravilhamento para você!

Como você o escolheu?
O que você sente ao observá-lo?

....
....
....

Bastam algumas flores do campo bem arranjadas num vaso, a reprodução de uma paisagem ou obra de arte, e a beleza está presente no lugar onde vivemos!

Com o que exatamente podemos nos maravilhar?

Maravilhar-se com a força da vida

Não há nada mais extraordinário do que a força da vida! Ela está aí, presente, todos os minutos, sob os nossos olhos! Sua mais extraordinária manifestação ocorre provavelmente no milagre do nascimento.

A psicanalista francesa Julia Kristeva escreveu:

"*Se existe um milagre da nossa civilização, que soube contar até 2.000 anos, ele reside no nosso maravilhamento diante do nascimento de cada ser humano, seja ele qual for.*"

Estar vivo, ter recebido o extraordinário privilégio de viver uma vida humana é suficiente para se maravilhar ao acordar toda manhã.

Reserve um instante para contemplar a frase a seguir, depois tire cópia, pregue-a na parede em frente à sua cama e releia-a todas as manhãs ao acordar.

Maravilhar-se com todas as facilidades que temos hoje

LEMBREMOS SEMPRE QUE ÁGUA CORRENTE NA TORNEIRA NÃO CAI DO CÉU COMO A CHUVA!

Estar plenamente vivo é o que permite maravilhar-se com todos os privilégios dos quais dispomos.

Qualquer pessoa que tenha trabalhado num país em vias de desenvolvimento, onde as mulheres vão buscar água a centenas de metros de casa, fica maravilhada em poder abrir a torneira e ter água quente e fria, poder tomar uma chuveirada, ou um banho, poder utilizar uma máquina de lavar roupa ou louça! Ou em poder apertar um botão para cozinhar alimentos. Fazemos isso de forma tão automática! Da próxima vez que você abrir a torneira ou apertar o botão do seu fogão, tire um instante para se lembrar daquelas milhões de mulheres (ou meninas) que estão carregando latas de água na cabeça por pedregosos caminhos ardentes de sol e pare um pouco para se maravilhar e dizer obrigado à vida pelo que ela lhe oferece!

Obrigado, vida!   Obrigado, vida!   Obrigado, vida!

Maravilhar-se com os progressos tecnológicos

PEQUENA MARAVILHA QUE SEMPRE RESPONDE "PRESENTE" QUANDO CHAMO!

Maravilhar-se não é olhar para trás e sentir falta dos bons e velhos tempos (que, aliás, nunca existiram); é estar plenamente consciente aqui e hoje, é admirar e sentir gratidão por tudo o que os seres humanos conseguiram construir e inventar!

Maravilhar-se com o telefone celular, que permite ficar em contato e falar com os outros, mesmo a uma grande distância, e está ao alcance das mãos o tempo todo.

As pessoas "do contra" deploram o que elas às vezes consideram como uma escravidão. Talvez elas não tenham entendido que há um botão para desligar essas maravilhosas maquininhas.
Você continua tendo a liberdade de utilizá-las ou não!
E, no entanto, o celular salva vidas e facilita os contatos.

ATENÇÃO! PAUSA-
-RELAXAMENTO A
CADA DUAS HORAS

Maravilhar-se com a internet e as proezas dos computadores, admirar a engenhosidade humana, que conseguiu conceber tudo isso, e utilizar o que pode facilitar nossas vidas, mas ao mesmo tempo manter a utilização deles sob controle.

Eu decido quando e como vou utilizá-los e fico maravilhado com o fato de eles existirem.

Maravilhar-se não é saber tudo e nem poder fazer tudo! Podemos nos maravilhar, mas ao mesmo tempo reconhecer os nossos limites e confiar naqueles que podem mais e que sabem mais!

Também podemos nos maravilhar com os meios de transporte, com os novos meios técnicos, como o GPS, que nos guia até o destino desejado, com os **tablets**, que nos fornecem milhões de livros, e com o rádio **Wi-Fi**, que nos conecta com a rádio local de quase qualquer cidade do mundo.

O mundo está tornando-se complexo, precisamos cada vez mais uns dos outros e, ao mesmo tempo, há cada vez mais razões de maravilhar-se, de sentir um maravilhamento lúcido!

De fato, não estamos falando de se tornar um "bobo da corte", que se extasia com tudo, pois o maravilhamento pode ser "lúcido".

ENTÃO! COM O QUE VOU ME MARAVILHAR HOJE?

Maravilhar-se com o privilégio de viver num país que oferece a seus cidadãos certa segurança e uma grande liberdade

São grandes motivos de se maravilhar:
- poder ir e vir livremente dentro de um país;
- poder se expressar sem temer tortura, prisão ou lapidação;
- poder se tratar quando doente;
- sentir-se em segurança na maior parte do tempo;
- ter meios de transporte que funcionam, um teto sob o qual se abrigar e comida para se alimentar!

A partir de um documento de Phillip Harter, professor na Escola de Medicina de Stanford, foi criado o seguinte texto:

Se a Terra fosse um vilarejo...

Se pudéssemos reduzir a população mundial a um vilarejo de 100 pessoas, mantendo as proporções de todos os povos existentes na Terra, esse vilarejo seria composto assim:

57 asiáticos
21 europeus
14 americanos
8 africanos

Haveria:

> 52 mulheres e 48 homens
>
> 30 brancos e 70 não brancos
>
> 30 cristãos e 70 não cristãos

➥ 20 homens possuiriam 80% do vilarejo e de suas riquezas.

➥ 5 a 6 mulheres já teriam sofrido estupro.

➥ 42 pessoas nunca beberiam água potável.

➥ 50 pessoas viveriam no centro do pequeno vilarejo, e as outras 50 estariam espalhadas pelos arredores.

➥ 33 habitantes viveriam uma situação de conflito armado, dos quais 23 seriam mulheres.

➥ 5 homens e 1 mulher seriam militares, policiais ou guardas.

➥ 5 crianças trabalhariam em condições de escravidão e 1 menininha seria empregada doméstica sem remuneração.

➥ 60 pessoas saberiam ler, escrever e contar, entre as quais 40 seriam homens.

➥ 50 habitantes poderiam ter acesso a tratamentos de saúde.

➥ 20 pessoas teriam acesso a computadores, dos quais 15 estariam conectados a alguma rede do tipo internet.

➥ 1 pessoa seria considerada rica, ou seja, alguém que possui mais riquezas do que necessário para suprir suas próprias necessidades e as de sua família. Possuiria sozinha 50% do vilarejo e de suas riquezas.

➡ 80 pessoas teriam uma religião, dentre as quais 40 seriam forçadas a praticá-la (por obrigação ou costume) e outras 20 não a praticariam. Além disso, 5 pessoas a praticariam apesar de correrem risco de vida.

Leve também em consideração:

• Se você acordou hoje de manhã com mais saúde do que doença, você é mais sortudo do que o milhão de pessoas que não viverão na semana que vem.

• Se você nunca viveu o perigo de uma batalha, a solidão da prisão, a agonia da tortura e a mazela da fome, você é mais afortunado do que 500 milhões de pessoas.

• Se você pode ir à igreja sem ter medo de ser ameaçado, torturado ou morto, você tem mais sorte do que 3 bilhões de pessoas.

• Se tem comida na sua geladeira, roupas no seu corpo, um teto sobre a sua cabeça e um lugar onde dormir, você é mais rico do que 75% dos habitantes da Terra.

• Se você tem dinheiro no banco e na sua carteira e moedinhas num cofrinho, você faz parte dos 8% mais privilegiados do mundo.

Maravilhar-nos com todos os nossos privilégios nos leva a sentir gratidão e (talvez) também vontade de agir para que as coisas mudem!

**Ao ler esse texto, o que mais o maravilha ao pensar na sua própria situação?
Escreva-o nos balõezinhos a seguir:**

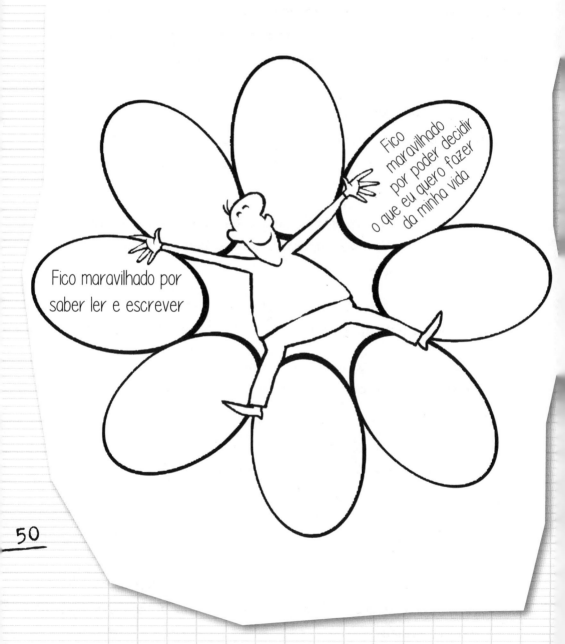

50

Maravilhar-se com o amor

Maravilhar-se por estar vivo, por estar consciente, por estar com os outros, _tudo isso nos leva a nos maravilhar com o amor sob todas as suas formas!_

As mais belas páginas já escritas e os momentos de felicidade mais intensos estão ligados à experiência do amor vivido entre dois seres!

Amor intenso, apaixonado, que perdura e forma o sólido alicerce das famílias que permanecem unidas!

Quem se apaixona vive um período de maravilhamento. Ele ou ela descobre a beleza de existir por um outro, sentir que está vivendo plenamente e imaginar que tudo é possível a dois!

Esse tipo de amor, que se chama Eros, está ligado à sexualidade, acasalamento, procriação – ele é fonte de vida e puro maravilhamento quando surge na existência de alguém.

O amor materno, paterno e filial também são fontes de maravilhamento.

Nada é demasiado difícil ou doloroso, nada desanima uma mãe que esteja cuidando de seu filho doente ou com dificuldades. O amor de mãe sempre foi fonte de maravilhamento para os poetas e artistas.

Um provérbio japonês o descreve assim:

O amor de pai é mais alto do que as montanhas.
O amor de mãe é mais profundo do que o oceano.

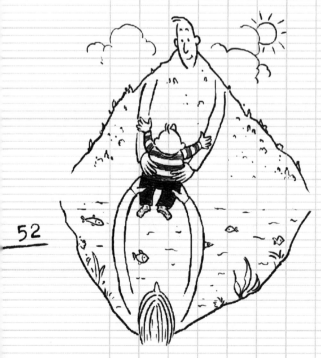

O amor de um pai por seus filhos pode ter uma altura incrível, como diz esse provérbio! O que importa para um pai é o futuro de seus filhos, mesmo que ele tenha de trabalhar duro.

O amor dos pais

Você se lembra de alguma situação que o tenha maravilhado, na qual o seu pai ou a sua mãe deram uma prova de amor parental especialmente forte?

A lembrança que <u>vem à minha cabeça</u>:

....
....
....
....
....
....
....
....
....
....
....
....
....
....
....

Amar de amizade é outra fonte de maravilhamento

"Os amigos são os anjos que nos carregam quando nossas asas não conseguem lembrar como voar."

"A amizade é uma pedra preciosa guardada no estojo do coração."

"A amizade multiplica os bens e divide os males."

"A amizade é mais constante do que o amor, ela não exige nada em troca."

Você já viveu o maravilhamento de uma amizade recíproca e fiel?

Pense nos seus amigos e transforme o seu maravilhamento em gratidão. Se você gosta de mandar SMS, talvez você possa dizer ao seu ou aos seus amigos que você gostaria de lhes agradecer por eles existirem, pois eles maravilham você!

Obrigado por você existir! Você me deixa maravilhado!

Maravilhar-se com a compaixão

Todas as manifestações de compaixão nos deixam maravilhados. Sentimos lá no fundo que quem manifesta compaixão se deixa atravessar por um sopro que vem de fora! Seja um enfermeiro que esteja acompanhando uma pessoa em fim de vida e que, debruçado sobre ela, esteja recolhendo suas últimas palavras, ou um voluntário que esteja escutando com todo o coração um mendigo alcoolizado, ou uma vítima que consiga perdoar seu agressor, a compaixão manifestada nos emociona e nos deixa maravilhados. Talvez seja porque temos consciência de sua extraordinária importância?

O que simbolizaria para você o maravilhamento diante da compaixão?

Desenhe-o aqui:

Maravilhar-se com a coragem e resiliência manifestadas por seres humanos

O ser humano é capaz de se maravilhar. Ele pode renascer de suas cinzas, levantar-se e superar sofrimentos.

Um termo caracteriza essa capacidade: resiliência.

Quem já leu: **Em nome de todos os meus**, de Martin Gray, ou **Mais forte que o ódio**, de Tim Guénard, ou mais recentemente **Não odiarei**, do Dr. Izzeldin Abuelaish, médico de Gaza, sobre os caminhos da paz, ou ainda quem conhece a história de Nelson Mandela só pode ficar maravilhado com a admirável capacidade que certos seres humanos têm de viver os valores que proclamam, às vezes pagando o preço de anos de prisão, lutos ou torturas.

Você conhece alguém ou a história de alguém cuja vida o deixa maravilhado?

Nome	Identifique uma qualidade da pessoa em questão que faz com que você fique especialmente maravilhado:

Maravilhar-se com a fé

Quer tenhamos ou não religião, a profunda fé praticada por certas pessoas no cotidiano pode ser motivo de maravilhamento:

- Uma jovem freira que faz seus votos solenes de celibato, pobreza e obediência e que entra para sempre no silêncio do Carmelo!

- Um médico que abandona sua confortável vida na Europa para ir servir numa missão perdida no meio do mato, do calor e dos mosquitos.

- Uma pobre camponesa mexicana que percorre um caminho pedregoso de joelhos para ir rezar para a Virgem Maria numa catedral.

- Um monge tibetano que, com suas mãos calosas, gira moinhos de orações nas montanhas do Nepal.

- Todos os religiosos de todos os tempos que tentam praticar sua fé apesar do desgaste do cotidiano.

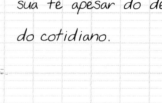

Todas essas pessoas nos emocionam e nos deixam maravilhados! Escutar **O Messias**, de Haendel, numa catedral ou admirar o fervor de um velho padre celebrando a Eucaristia pela terceira milésima vez com o mesmo fervor são motivos de maravilhamento quando paramos de julgar e analisar, deixando o instante presente nos invadir.

Existem aspectos da fé que maravilham você?

Você pode descrevê-los ou desenhá-los aqui:

59

O que é a verdade?

(Jo 18,38)

Uma preocupação do coração
Um questionamento da inteligência
Uma concepção do pensamento
A verdade é uma travessia
Uma passagem através das objeções
Para um horizonte que nunca confessa seu nome
Somente aqueles que carregam esse nobre desassossego
Conhecem seu preço
Eles seguem em frente, segurando firme
Seu quinhão de clareza
Ferindo-se nos pedregulhos do equívoco
Eles são infinitamente vulneráveis
Nunca tranquilos
Mas de sua árdua caminhada
Eles recolhem a certeza
Que permanece na questão
A única forma de honrar
Seu ser profundo.

Le plus-que-vivant, Francine Carillo

Seja a beleza das catedrais,
Dos vitrais, das estátuas,
Das cerimônias religiosas ou de poemas como este,
a fé cria maravilhas e maravilhamento.

Aprender ou reaprender a maravilhar-se e
redescobrir o encanto do mundo
é, no cotidiano, desenvolver dentro de si as
seis capacidades que favorecem
o maravilhamento:

1. desejo de viver
2. atenção ao instante presente
3. desapego
4. abertura ao inesperado
5. gratidão
6. perseverança

É decidir resistir ao desânimo, à amargura
e à depressão, é mudar seu olhar sobre
a vida, as pessoas e as coisas.

É continuar maravilhando-se para sentir que você está vivendo plenamente
e para aumentar sua alegria!

Para exercitar sua capacidade de prestar atenção ao que existe é necessário instaurar momentos de silêncio e meditação, pois:

O silêncio é o vestígio deixado em nós pelo maravilhamento.

o Silêncio que sucede
ao maravilhamento
ainda é
maravilhamento

Nenhum de nós pode se curar
do que a vida fez conosco.
Está feito antes mesmo
de podermos perceber o que foi,
Depois, o que houve vai resultar em coisas
que, durante toda a sua vida, interpõem-se
Constantemente entre você
e o que você gostaria de ser.
Então você é um passado...
mas também um futuro,
Você também é um presente!
Você é um "agora".
Com força de vontade, inteligência,
desejo e maravilhamento
Você pode se tornar tudo o que gostaria de ser
a partir de agora.

Leo Buscaglia

Boa viagem!

Coleção Praticando o Bem-estar
Selecione sua próxima leitura

- Caderno de exercícios para aprender a ser feliz
- Caderno de exercícios para saber desapegar-se
- Caderno de exercícios para aumentar a autoestima
- Caderno de exercícios para superar as crises
- Caderno de exercícios para descobrir os seus talentos ocultos
- Caderno de exercícios de meditação no cotidiano
- Caderno de exercícios para ficar zen em um mundo agitado
- Caderno de exercícios de inteligência emocional
- Caderno de exercícios para cuidar de si mesmo
- Caderno de exercícios para cultivar a alegria de viver no cotidiano
- Caderno de exercícios e dicas para fazer amigos e ampliar suas relações
- Caderno de exercícios para desacelerar quando tudo vai rápido demais
- Caderno de exercícios para aprender a amar-se, amar e – por que não? - ser amad(a)
- Caderno de exercícios para ousar realizar seus sonhos
- Caderno de exercícios para saber maravilhar-se
- Caderno de exercícios para ver tudo cor-de-rosa
- Caderno de exercícios para se afirmar e – enfim - ousar dizer não
- Caderno de exercícios para viver sua raiva de forma positiva
- Caderno de exercícios para se desvencilhar de tudo o que é inútil
- Caderno de exercícios de simplicidade feliz
- Caderno de exercícios para viver livre e parar de se culpar
- Caderno de exercícios dos fabulosos poderes da generosidade
- Caderno de exercícios para aceitar seu próprio corpo
- Caderno de exercícios de gratidão
- Caderno de exercícios para evoluir graças às pessoas difíceis
- Caderno de exercícios de atenção plena

- Caderno de exercícios para fazer casais felizes
- Caderno de exercícios para aliviar as feridas do coração
- Caderno de exercícios de comunicação não verbal
- Caderno de exercícios para se organizar melhor e viver sem estresse
- Caderno de exercícios de eficácia pessoal
- Caderno de exercícios para ousar mudar a sua vida
- Caderno de exercícios para praticar a lei da atração
- Caderno de exercícios para gestão de conflitos
- Caderno de exercícios do perdão segundo o Ho'oponopono
- Caderno de exercícios para atrair felicidade e sucesso
- Caderno de exercícios de Psicologia Positiva
- Caderno de exercícios de Comunicação Não Violenta
- Caderno de exercícios para se libertar de seus medos
- Caderno de exercícios de gentileza
- Caderno de exercícios de Comunicação Não Violenta com as crianças
- Caderno de exercícios de espiritualidade simples como uma xícara de chá
- Caderno de exercícios para praticar o Ho'oponopono
- Caderno de exercícios para convencer facilmente em qualquer situação
- Caderno de exercícios de arteterapia
- Caderno de exercícios para se libertar das relações tóxicas
- Caderno de exercícios para se proteger do Burnout graças à Comunicação Não Violenta
- Caderno de exercícios de escuta profunda de si
- Caderno de exercícios para desenvolver uma mentalidade de ganhador
- Caderno de exercícios para ser sexy, zen e feliz
- Caderno de exercícios para identificar as feridas do coração
- Caderno de exercícios de hipnose